D1272383

East Ferris Public Library

3 0000 00015487 6

E FRA LAN
Langdon, Anne
Etre Poli #5

Date Due

BRODART, INC.   Cat. No. 23 233   Printed in U.S.A.

East Ferris Township Public Library
1257 Village Road
Box 160
Astorville ON
P0H 1B0

LA SÉRIE
QUE SIGNIFIE . . .

CHEF DE LA PUBLICATION	Joseph R. DeVarennes
DIRECTEUR DE LA PUBLICATION	Kenneth H. Pearson
CONSEILLERS	Roger Aubin
	Robert Furlonger
DIRECTRICE DE LA RÉDACTION	Marie-Josée Charland
RÉDACTRICE EN CHEF	Chrystiane Harnois
CONSEILLÈRE POUR LA SÉRIE	Sarah Swartz
RÉDACTION	Michel Edery
	Maryse Gaouette
	Catherine Gautry
	Carole Lefebvre
	Anne-Marie Trépanier
COORDINATRICE DU SERVICE DE RÉDACTION	Jocelyn Smyth
CHEF DE LA PRODUCTION	Ernest Homewood
ASSISTANTS À LA PRODUCTION	Martine Gingras
	Kathy Kishimoto
	Peter Thomlison
CHEF ADMINISTRATIF	Anna Good

Données de catalogage avant publication (Canada)

Langdon, Anne.
  Que signifie—être poli

(Que signifie— ; 5)
Traduction de: What it means to be—polite.
Pour enfants.
ISBN 0-7172-2518-6

1. Courtoisie — Ouvrages pour la jeunesse.
2. Savoir-vivre — Enfants et adolescents. I. Pileggi, Steve.
II. Titre.   III. Titre: Être poli.   IV. Collection.

BJ1533.C9L3514 1989   j177'.1   C88-095260-1

Copyright © 1989 par Grolier Limitée. Tous droits réservés.

Imprimé aux États-Unis

QUE SIGNIFIE...

ÊTRE POLI

East Ferris Township Public Librar
1257 Village Road
Box 160
Astorville ON
P0H 1B0

Histoire d'
Anne Langdon

Illustrations de
Steve Pileggi

Une personne polie pense aux sentiments des autres.

Sophie était au lit avec un mauvais rhume. Elle ne voulait ni lire ni dessiner.

Comme elle commençait à s'ennuyer, sa mère ouvrit la porte de sa chambre. «Tu as de la visite. Annie est venue te voir!»

«Je vais faire un spectacle de marionnettes pour toi», dit Annie en entrant. «J'ai fabriqué les marionnettes avec les vieux bas de mon père. Ma mère a cousu des boutons à la place des yeux.»

Annie s'assit par terre, au pied du lit de Sophie. Elle leva les mains, tenant une marionnette dans chaque main. Elle était si énervée qu'elle oublia certains mots et sa tête et ses bras dépassaient le bord du lit plus qu'il ne l'aurait fallu.

Sophie avait déjà vu de meilleurs spectacles de marionnettes, mais elle n'en dit rien à Annie. Au lieu de cela, elle lui dit: «Merci d'être venue. Je me sens beaucoup mieux maintenant.»

Il est poli de remercier quelqu'un qui essaie de te faire du bien.

«S'il vous plaît» et «merci» sont des mots polis et utiles.

Pascale et Andréane revenaient du Club des jeunes par un après-midi venteux. Elles venaient de fabriquer des cerfs-volants colorés. Elles marchaient sur le trottoir en faisant voler leurs cerfs-volants derrière elles lorsque Paul les aperçut.

«Dis, ça a l'air amusant. Donne-le-moi», dit-il à Pascale en essayant d'attraper son cerf-volant.

«Non! Il est à moi, je l'ai fait moi-même!» répondit-elle.

Andréane, qui était un peu plus vieille, savait quel était le meilleur moyen de demander quelque chose. «Paul, Pascale te laissera peut-être jouer avec son cerf-volant si tu le lui demandes gentiment», lui dit-elle.

Paul réfléchit quelques instants à ce qu'elle avait dit. «Pascale, voudrais-tu s'il te plaît me prêter ton cerf-volant?» lui demanda-t-il.

«Bon, d'accord, mais ne va pas trop loin», lui répondit-elle.

Comme Paul semblait aller déjà trop loin, elle lui cria: «S'il te plaît, Paul, ne va pas trop loin!»

Paul ralentit et lui cria: «Ne t'inquiète pas, je reviens tout de suite!»

Paul courait avec le cerf-volant et Pascale put voir à quel point il était beau, là-haut dans le ciel bleu. «C'est le plus beau cerf-volant que j'aie jamais fabriqué», dit-elle fièrement à Andréane.

«C'est le *seul* cerf-volant que tu aies jamais fabriqué», répliqua Andréane en souriant. Puis elles éclatèrent de rire.

Paul revint en courant, le cerf-volant derrière lui. Pascale se tourna vers Andréane et lui dit: «*Merci* de nous avoir aidés. Je suis contente que Paul ait joué avec mon cerf-volant.»

«Et merci de m'avoir laissé emprunter ton cerf-volant», dit Paul.

Les gens prendront plus de plaisir à faire quelque chose pour toi si tu le leur demandes poliment. Le meilleur moyen de leur faire savoir que tu les apprécies, c'est de leur dire «s'il vous plaît» et «merci».

Une personne polie n'interrompt pas les autres lorsqu'ils parlent.

Sophie et Paul couraient l'un après l'autre en revenant de l'école. Ils riaient et couraient aussi vite qu'ils pouvaient. Caroline et Nicolas les rejoignirent bientôt en faisant semblant d'être des avions.

«Ma mère va m'emmener en avion!» cria Nicolas lorsqu'ils ralentirent. «Elle prend l'avion tout le temps et elle sait quoi faire. Et—»

«En avion, chanceux!» cria Sophie, interrompant Nicolas, qui n'avait pas fini de parler. «Savais-tu que . . . ?»

Un peu plus tard, Caroline commença à raconter à ses amis ce qui lui était arrivé la veille. «J'ai appris à jouer un nouveau morceau de musique sur mon accordéon. J'ai pratiqué longtemps et hier, je l'ai joué sans faire de faute. Ma mère a dit que—»

«Ma mère m'a laissé souper au salon hier soir, interrompit encore Sophie, parce qu'elle sortait et que je me faisais garder!»

Caroline soupira. Elle voulait raconter à ses amis comment elle avait appris sa nouvelle chanson, mais Sophie ne la laissait pas parler. Elle était un peu fâchée.

Puis, Paul dit: «C'est mon anniversaire dans huit jours! Je vais inviter tous mes amis à la fête! Ce sera fantastique! Nous jouerons à différents jeux et ensuite—»

«Des jeux?» interrompit une fois de plus Sophie en sautant. «Connais-tu celui . . . ?»

Caroline, Nicolas et Paul se regardèrent. Sophie était tellement énervée qu'elle oubliait de les écouter.

«Sophie, dit Paul, fâché, tu n'es pas la reine du monde!» Sophie se tut subitement. Elle ne comprenait pas pourquoi Paul était si fâché.

«Pourquoi es-tu fâché contre moi?» demanda-t-elle.

«Parce que tu ne nous laisses jamais finir ce que nous avons à dire», répliqua Nicolas.

«Et ce n'est pas juste», ajouta Caroline.

«Mais j'avais des choses à vous dire», s'écria Sophie.

«Eh bien, nous aussi!» dit Paul.

«Nous parlerons chacun notre tour, comme ça, tout le monde pourra parler», dit enfin Caroline.

«Écoute, Sophie,» suggéra Paul avec un sourire, «lorsque tu viendras à ma fête, nous aurons un jeu parlant, juste pour toi!» Sophie trouva cela très drôle. Bientôt, les quatre amis riaient ensemble.

Tu t'attends à ce que les gens t'écoutent lorsque tu as quelque chose à leur dire, alors tu devrais toi aussi écouter lorsqu'ils parlent. Parler est une façon de partager ses idées avec les autres. Si tu écoutes tes amis quand ils parlent, tu leur fais savoir qu'ils t'intéressent.

Si tu dois absolument interrompre quelqu'un, excuse-toi d'abord.

Une princesse et un chanteur rock assis ensemble? Impossible . . . sauf si c'est l'Halloween! Sarah et Sébastien étaient assis dans l'escalier et attendaient pour sortir. Ils avaient passé des heures à se préparer et à fabriquer leurs costumes. Cela avait demandé beaucoup de travail, mais maintenant, ils étaient prêts.

Leur mère allait les emmener faire le tour des maisons du voisinage, mais pour l'instant, elle parlait avec leur père.

Enfin, Sébastien montra la fenêtre du doigt. «Excusez-moi, papa et maman, dit-il, mais je pense que je vois un clown, un robot et un pirate se diriger vers notre maison!» Des enfants avaient déjà commencé à faire le tour des maisons.

«Je crois que nous devrions partir maintenant, nous aussi», dit leur mère en souriant. «Nous ne voulons pas être les derniers à sortir!»

Si tu dois interrompre quelqu'un pour dire quelque chose d'important, excuse-toi avant de commencer à parler.

Une personne polie met ses invités à l'aise.

François laissa Blanchet et Mustacha sortir de leur cage pour qu'ils puissent s'étirer les pattes dans la cour. Les lapins bougèrent leur petit nez rose au soleil et se mirent à grignoter de l'herbe et des pissenlits.

Joël arriva pour rendre visite à François.

«Ouais! Des lapins. Tu es chanceux que tes parents te permettent d'en avoir!»

«Voudrais-tu en tenir un?» demanda François.

«Tu parles!» répondit Joël.

Pendant que son invité jouait avec Blanchet, François demanda à Joël s'il voulait du jus de pomme.

«Oui, s'il te plaît», répondit Joël.

«Je vais aller voir si papa nous laissera aussi manger des raisins. Aimes-tu les raisins?»

«J'*adore* les raisins!» répondit Joël en bougeant son nez comme Blanchet.

François revint vite en apportant deux verres. Son père le suivait avec un plateau rempli de friandises.

«Mon père a dit que nous pouvons faire un pique-nique!» s'exclama François en déposant les verres sur la table à pique-nique.

«Et Blanchet et Mustacha, eux?» demanda Joël. «Ils n'ont pas de collation!»

«Ça, c'est ce que tu crois», répliqua François en souriant. Et il sortit des bouts de carottes et de céleri de sa poche.

Lorsque des amis te rendent visite, tu devrais faire ton possible pour les mettre à l'aise et leur faire plaisir.

Il est poli de dire «bonjour» et «au revoir» à ton hôte ou à ton hôtesse.

La grand-mère de Paul était contente parce qu'elle venait de vendre une maison. C'était son métier de vendre des maisons. Pour fêter l'occasion, elle arriva chez Paul avec un grand sac rempli de mets chinois! Cela sentait merveilleusement bon.

«Veux-tu inviter un de tes amis à souper?» demanda-t-elle à Paul.

«Oui, merci. Je vais voir si Nicolas peut venir», dit-il en se précipitant vers le téléphone.

Lorsque Nicolas arriva, il n'oublia pas de dire bonjour aux parents et à la grand-mère de Paul avant de s'asseoir pour manger. Ils s'amusèrent bien durant le souper.

Avant de partir, Nicolas dit au revoir aux parents de Paul et remercia sa grand-mère de l'avoir invité à souper.

«Ce fut un plaisir de te recevoir», dit-elle.

Si tu dis «bonjour» et «au revoir» à tes amis et à leurs parents, tu leur montres que tu aimes leur rendre visite. Ils se rappelleront de toi comme étant un invité poli et gentil.

Il n'est pas poli de montrer quelqu'un du doigt, de le fixer ou de parler de lui.

Les parents de Pascale et de Caroline venaient de s'acheter une nouvelle voiture! C'était une voiture familiale avec un siège faisant face à la vitre arrière. Les filles n'avaient jamais rien vu de tel. C'était fantastique!

Après le souper, leur père dit: «Allons faire une promenade en voiture.» Il était aussi énervé qu'elles.

Les filles s'assirent sur le siège arrière. Pascale commença à montrer des gens du doigt. Caroline lui expliqua que ce n'était pas poli. Cela rendait les gens mal à l'aise. Elles décidèrent donc de saluer de la main toutes les personnes qu'elles croisaient. Certaines leur retournèrent leur salut.

Pour fêter la nouvelle voiture, ils s'arrêtèrent tous prendre un dessert sur le chemin du retour. La dame âgée qui les servit au comptoir était très gentille. Pascale demanda un beignet au chocolat et un verre de jus de raisin. Comme ils attendaient pour se faire servir, Pascale dit à sa mère: «Tu as vu comme elle est vieille!»

EAST FERRIS LIBRARY

Caroline donna un coup de coude à Pascale et la regarda d'un air mécontent. Pascale ne savait pas pourquoi. Lorsqu'ils s'assirent à table, sa mère lui expliqua. «Tu peux remarquer des choses à propos d'autres personnes, mais il vaut mieux que tu gardes tes commentaires pour toi-même. Tu n'as pas besoin de les dire à voix haute.»

«Mais si c'est quelque chose de gentil?» demanda Pascale.

«Si tu veux faire un compliment à quelqu'un, dis-le-lui directement», répondit sa mère. «Ne parle pas d'eux, sinon ils auront l'impression que tu les dévisages et cela les mettra mal à l'aise.»

«Eh bien, moi, je fixe quelque chose en ce moment, dit son père en riant, et c'est ce plateau plein de beignets et de jus!»

Personne n'aime se faire dévisager. Si tu remarques quelque chose, il vaut mieux ne rien dire.

Il est poli de laisser son siège à une personne âgée, handicapée ou qui a de la difficulté à se tenir debout.

Simon et sa mère étaient à bord d'un autobus bondé. Ils venaient d'acheter une paire d'espadrilles rouges pour Simon.

«J'ai vraiment hâte de les essayer!» dit-il. «Je parie que je pourrai courir plus vite.»

«C'est juste, dit sa mère, tu grandis et deviens plus vif chaque jour.»

«Mais je n'ai que quatre ans», dit-il en soupirant. À ce moment-là, l'autobus s'arrêta et un homme âgé monta. Il semblait avoir de la difficulté à marcher. La mère de Simon allait se lever pour lui céder sa place, mais Simon fut plus rapide qu'elle.

«Monsieur, prenez ma place», dit-il.

«Merci», murmura le vieil homme.

Simon resta debout près de sa mère, tenant fermement le poteau. «Tu es pas mal grand pour un garçon de quatre ans», lui dit sa mère.

Si tu es poli, tu penseras à céder ta place à quelqu'un qui en a plus besoin que toi.

Il est poli de se rappeler du nom des gens.

Christian, le frère aîné de François, jouait avec son rouli-roulant dans la rue. Des enfants plus jeunes se rassemblèrent sur le trottoir pour le regarder faire toutes sortes de prouesses. Chaque fois qu'il passait devant l'un d'eux, il criait: «Bonjour, Annie!» ou «Bonjour, François!»

Lorsque Sarah lui envoya la main, il cria par dessus son épaule: «Oh! bonjour Sarah et à toi aussi, Sébastien!»

Mais lorsqu'il passa devant Joël, il lui dit: «Bonjour nouveau voisin dont je ne me rappelle plus le nom!» Pauvre Joël. Christian s'était rappelé de tous les noms sauf du sien.

Lorsque Christian passa à nouveau devant lui, Joël lui dit: «Mon nom, c'est Joël.»

«Bonjour Joël», lui dit Christian en riant. «Voudrais-tu essayer mon rouli-roulant?»

Un des meilleurs moyens de signifier aux gens qu'ils ne te sont pas inconnus, c'est de les appeler par leur nom. Si tu ne le connais pas, demande leur. Ils en seront contents.

Une personne polie attend son tour.

Pascale était contente parce qu'une invitée spéciale qui s'appelait Carole était venue au Club des jeunes. Elle avait apporté des poussins. Pascale n'en avait jamais vus auparavant. Tout le monde voulait être le premier à regarder dans la cage et à prendre un poussin dans ses mains.

«Vous devrez y aller chacun votre tour», expliqua Carole. «Si les poussins vous voient tous en même temps, ils auront peur.»

Tous les enfants attendirent donc patiemment en ligne, sauf Pascale. Elle commença à pousser les enfants qui se trouvaient devant elle. Bientôt, tout le monde se disputait.

«Oh! non, dit Carole, vous avez fait peur aux poussins. Maintenant, vous devrez attendre qu'ils se soient calmés avant de les voir. Ce ne sera pas long», ajouta-t-elle gaiement. «Mais la prochaine fois, attendez votre tour. Comme cela, vous pourrez regarder les poussins, sans les effrayer.»

Il faut attendre son tour. De cette façon, tout le monde est content.

Il est poli d'envoyer des lettres ou des cartes de remerciement.

Un colis enveloppé de papier brun arriva par la poste pour Caroline un matin.

«Oh! Je me demande de qui cela peut bien venir», s'écria-t-elle en déballant le colis. Celui-ci contenait un joli foulard rose, un cadeau de tante Claire qui voulait la féliciter d'avoir de si bons résultats à l'école.

«Pourquoi ne lui écris-tu pas pour la remercier d'avoir pensé à toi?» suggéra sa mère.

«D'accord. Je vais aller chercher mes crayons de couleur pour lui faire un dessin aussi.»

Mais même quand tout fut prêt, Caroline n'avait pas envie d'écrire.

«Je peux t'aider, si tu veux», lui dit sa mère. «Tu verras, ce sera amusant.»

Elles parlèrent de ce que Caroline pourrait écrire dans sa lettre. Comme elles parlaient, Caroline trouvait plein d'idées.

Avant qu'elle ne s'en rende compte, elle avait écrit une lettre très drôle a sa tante, avec son crayon mauve préféré. Elle avait même fait un dessin comique d'elle-même portant le foulard comme un bandit.

«Je vais aller chercher une enveloppe, et tu pourras y coller le timbre», lui dit sa mère.

«Qui postera la lettre?» demanda Caroline.

«Toi, répondit sa mère, lorsque nous irons chercher ton père, tout à l'heure.»

Cela fait toujours plaisir de recevoir une carte, une lettre ou un colis par la poste. Une des meilleures façons de remercier quelqu'un, c'est de lui envoyer une lettre.

Il est poli d'accepter un compliment sans se vanter.

François, Paul, Joël et Sébastien coururent vers la piscine le plus vite qu'ils purent.

Paul plongea tout de suite dans l'eau.

«Eh, il est bon nageur!» dit Nicolas.

Lorsque Paul sortit de l'eau, Joël le lui dit.

«Oh! je sais. Je suis bon dans toutes sortes de choses», répondit Paul.

«Ah! oui?» répliqua Nicolas. «Tu es bon lorsque tu te fais pousser dans la piscine?»

À ce moment-là, le père de Paul passa près d'eux et leur demanda pourquoi ils se disputaient.

«Paul pense qu'il sait tout faire», dit Nicolas, fâché.

«Il m'a dit que je nageais bien et j'étais d'accord avec lui et je lui ai dit que je pouvais bien faire beaucoup de choses», marmonna Paul.

«Il est mieux de dire merci», dit son père. «Personne n'aime quelqu'un qui se vante.»

C'est bien d'être bon à quelque chose. Lorsque les autres te le disent, réponds-leur poliment en leur disant «merci».

Il est important d'être poli envers les membres de ta famille.

François et Christian se trouvaient à la maison ensemble, un après-midi pluvieux après l'école.

«Tiens ça pour moi—comme ça!» ordonna Christian à François en lui tendant l'avion qu'il construisait depuis plusieurs jours. «Je veux peindre le dessous, alors ne bouge pas et ne le dépose pas avant que je ne te le dise.»

Lorsqu'il eut fini d'aider Christian, la mère de François entra, mouillée jusqu'aux os. «Prends mes bottes et mon parapluie et apporte-les au sous-sol pour les faire sécher», dit-elle à François. Elle ne lui avait même pas dit bonjour. Il semblait à François que tout le monde donnait des ordres, sauf lui.

Plus tard, lorsque son père entra, François était assis au salon, mécontent.

«Je suis arrivé!» cria son père.

«Ça ne me fait rien. Et si tu as quelque chose dans les mains, je ne veux ni le tenir, ni l'apporter, ni le descendre au sous-sol!» marmonna François.

«Qu'est-ce qui ne va pas, François?» lui demanda son père en s'assoyant près de lui.

«Tout le monde me dit toujours quoi faire!» répondit François, la gorge serrée.

«Oh! je vois, dit son père, et tu ne veux plus recevoir d'ordres, c'est cela?»

«C'est exactement cela!» répliqua François.

Son père lui prit la main et se leva. «D'accord», dit-il. «Pourquoi ne viens-tu pas avec moi et ensemble, nous pourrions aller dire à Christian et à maman comment tu te sens? Tu crois que c'est une bonne idée?»

«Allons-y!» s'écria François en tenant la main de son père et en souriant pour la première fois de l'après-midi.

Il est facile pour les membres d'une famille de prendre trop de libertés. Il est important de se rappeler qu'il fera plaisir à *tout le monde* d'aider, si on leur demande poliment, plutôt que de leur donner des ordres. Voici des façons d'être poli:

- Dis «s'il vous plaît» et «merci».
- Attends ton tour sans pousser ni bousculer.
- Essaie de mettre les autres à l'aise.
- Ne montre personne du doigt et ne fixe personne.
- Dis «excusez-moi» si tu dois interrompre quelqu'un.
- Envoie une lettre de remerciement à celui qui t'a donné un cadeau.